Juri und der Tannenbaum

Bilder von Sigeko Yano

Text nach einer russischen Legende

Urachhaus

An einem Winterabend saßen der Waldhüter und Juri, sein kleiner Sohn, vor dem flackernden Kaminfeuer und plauderten miteinander. »Vater«, sagte der Junge, »es wird draußen langsam wärmer; hast du es auch schon gemerkt?«

Der Waldhüter blickte noch ein Weilchen ins Feuer, und dann antwortete er: »Ja, mein Junge. Jetzt wird der kalte Winter bald vorüber sein, und der Frühling wird kommen. Ich fahre morgen in die großen Wälder und hole ein paar junge Tannenbäume, damit wir sie hier einpflanzen können. Möchtest du mit mir kommen?«

»Oh ja, wie gern! Wir werden sehen, wie es den Tannen geht. Einige davon möchte ich dann meinem lieben Freund schenken. Ich freue mich, Vater. Jetzt will ich gleich zu Bett gehen, damit ich morgen zeitig aufstehen kann. Gute Nacht, lieber Vater!«

Und Juri ging schlafen.

Früh am nächsten Morgen brachen sie auf in die großen Wälder.
Juri war voller Freude, denn dort standen eine ganze Reihe junger
Tannen, die er gemeinsam mit seinem Vater gepflanzt und
großgezogen hatte.
Während der Vater nun arbeitete, hüpfte Juri herum und sprach
mit den Bäumen und mit den Hasen.
» Seid gegrüßt, liebe Tannen. Ich freue mich so, daß ihr alle so
schön grün und so fein gewachsen seid. Und ihr, liebe Häschen?
Seid ihr den ganzen Winter über hier geblieben? «

Dann kletterte der Junge in ein Loch, aus dem der Vater eben einen Tannenbaum mit seinen Wurzeln herausgehoben hatte. Die Häschen taten es Juri gleich. Fröhlich spielten sie miteinander. Plötzlich hielt der Junge inne und rief: »Vater, sieh doch! Es schneit wieder. Und es wird ganz dunkel.«

Der Waldhüter blickte zum Himmel auf und bat dann seinen Sohn, ihm zu helfen. Sie mußten mit der Arbeit fertig werden, bevor das Wetter noch schlechter wurde.

Juri half dem Vater,
die jungen
Tannenbäume auf den
Schlitten zu laden. Sie
waren sehr schwer für
ihn, und man mußte
achtgeben, daß die
Wurzeln nicht verletzt
wurden. Aber Juri
war glücklich, daß sie
die Tannen nun mit
nach Hause nahmen.
So begann er zu
singen:

»Frühling, lieber Frühling, komm
bring uns Blumen lichte Wonn',
mit den Hasen und den Tannen
will ich dich gar froh empfangen!«

Als der Waldhüter und sein Sohn mit der Arbeit fertig waren und mit
dem Schlitten losfuhren, kam ein Wind auf, und es begann heftig zu
schneien. Aber Juri fühlte die Kälte kaum. Er dachte an seinen lieben
Freund zu Hause. Und er sang glücklich vor sich hin:

»Wir fahren mit Schlittengebimmel
unter dem dunkelgrauen Himmel,
wir treiben die Pferde an fein
aus dem Winter in den Frühling hinein.
Sie bringen die grünen Tannenbäume
zu meinem liebsten Freund ohne
    Säumen.«

Die Häschen schauten ihnen
neugierig nach. Eines hatte sich
heimlich auf den Schlitten
zwischen die Tannenzweige
gesetzt und fuhr mit.

Plötzlich frug der Vater, warum Juri bei solch einem Wetter unbedingt seinen Freund besuchen wolle. Da erklärte ihm der Junge: »Oh, es ist sehr wichtig! Weißt du, schon zu Weihnachten wollte ich ihm ein paar Tannenbäume pflanzen. Aber da ging es wirklich nicht weil so viel Schnee lag. Darum sollten sie jetzt ein Ostergeschenk sein statt einer Weihnachtsgabe. Bitte, lasse mich ihm wenigstens die Tannen zeigen!«

Juri betete in seinem innersten Herzen, daß das Wetter besser werden möge. Aber es wurde immer schlimmer. Alles wurde wieder ganz winterlich. Schließlich sah man nichts mehr außer Schnee. Schnee überall. Deshalb ließ der Waldhüter die Pferde langsamer gehen. Der Junge aber wurde ganz still vor Angst, daß er seinem Freund wieder keinen Tannenbaum bringen könnte.

Plötzlich hörten der Waldhüter und sein Sohn im
Schneesturm jemand sprechen. Sie lenkten den
Schlitten in die Richtung, aus der die Stimmen
kamen, um zu sehen, was los war. Da fanden sie
eine Gruppe von Reisenden, die dort im Schnee
herumstanden. Der Älteste von ihnen kam auf den
Waldhüter zu und sagte, daß ihre Schlitten in einer
Schneewehe steckengeblieben seien.

Der Waldhüter versuchte nun, ihnen zu helfen und die Schlitten und die Pferde aus dem tiefen Schnee herauszuziehen. Aber die Pferde glitten immer wieder aus, und die Schlitten rührten sich nicht von der Stelle. Da beschlossen sie, die jungen Tannenbäume unterzulegen, damit die Pferde darauf Halt gewinnen konnten.

Juri erschrak zutiefst, als er das hörte. Dafür sollten der Vater und er die
Tannen gepflanzt und großgezogen haben! Und vor allem wollte er
doch seinem Freund einige bringen! Leise frug er seinen Vater, ob es
denn gar keine andere Möglichkeit gäbe, den Reisenden zu helfen. Der
Vater schaute ihn traurig an und erwiderte: »Nein, mein Junge. Und du
verstehst doch auch, daß wir ihnen helfen müssen? Der Weg bis ins
nächste Dorf ist noch sehr weit. Und man muß jenen helfen, die in Not
sind.« Juri weinte und bat seinen Vater, er möge doch wenigstens einen
Tannenbaum für seinen Freund zurückbehalten. Und das Häschen
bewachte den letzten Tannenbaum.

Mit Hilfe der untergelegten Tannenbäume gelang es den Reisenden, ihre Schlitten aus dem tiefen Schnee zu ziehen. Sie dankten dem Waldhüter und seinem Sohn und fuhren glücklich davon. Juri fühlte sich auf einmal wieder wohler, als er die frohen Gesichter der Fremden sah. Auf dem Heimweg wiederholte er die Worte seines Vaters in seinem Herzen: »Manchmal müssen wir für andere Menschen Dinge tun, die uns sehr schwerfallen.«

Der Waldhüter und sein Sohn kamen zu dem
kleinen Heiligenbild im Wald, das sich in der Nähe
ihrer Hütte befand. Es zeigte die Mutter Maria mit
dem Christuskind. Der Junge drehte sich nach
dem letzten Tannenbaum auf dem Schlitten um.
Er wollte sich vergewissern, daß er immer noch
dort lag. Als er ihn so frisch und grün daliegen sah,
wurde er wieder ganz frohen Herzens und sagte
zu seinem Vater: »Endlich sind wir wieder
daheim. Da drüben wartet mein Freund auf mich
zusammen mit seiner Mutter. Ich möchte ihm
jetzt gern den Tannenbaum bringen. Bitte, warte
ein wenig auf mich.«

Juri trug den Tannenbaum zu dem Heiligenbild und pflanzte ihn dort ein. Ein paar Vögel kamen herbei und schauten ihm zu. Als er fertig war, trat er an das Bild heran, und ihm war, als trete das Christuskind daraus hervor und schaute ihn freundlich an. »Sei gegrüßt, mein lieber Freund«, sagte Juri leise. »Sieh, ich habe dir ein Geschenk mitgebracht aus den großen Wäldern. Einen Tannenbaum. Ich habe ihn selbst gepflanzt. Jetzt soll er hier bei dir weiter wachsen. Ich wollte dir ja noch mehr mitbringen, aber es ging nicht, weil wir den Leuten helfen mußten. Ich hoffe, du freust dich darüber. Ich, ich habe nämlich Tannen so gern…«

Einige Wochen später schmolz endlich der letzte Schnee, und alles ringsumher erglühte in frohen Farben. Juri freute sich, als er das sah. So ging er zu dem Christuskind im Wald, und da sah er, daß neben seinem Tannenbaum viele hundert weiße und gelbe Blütensterne aufgeblüht waren.

Da wußte Juri auf einmal, daß das Christuskind in ihnen allen war, daß es die Vögel singen und die Häschen springen und ihm alles zur Freude gedeihen ließ. Voller Staunen nahm Juri das wahr, und dann lief er zu seinem Tannenbaum und rief: » Und du, du wirst dem Christuskind zu Ehren immer größer und schöner werden. Jetzt weiß ich, warum ich dich so gern habe: du bist wie das Christuskind, immer da und immer grün, ob im Frühling, Sommer, Herbst oder Winter. Ja, mein Freund ist überall, – auch in meinem Herzen.

ISBN 3 87838 533 1

© 1987 Verlag Urachhaus Johannes M. Mayer GmbH, Stuttgart
© 1987 Shiko-Sha Co. Ltd., Tokyo
Deutsche Fassung Roswitha von dem Borne
Alle Rechte vorbehalten
Satz: Offizin Chr. Scheufele, Stuttgart
Druck: Toppan Printing Osaka